ORIGAMI
PARA CRIANÇAS

Ciranda Cultural

Dados Internacionais de Catalogação na Publicação (CIP) de acordo com ISBD

```
C578o    Ciranda Cultural
            Origami para crianças / Ciranda Cultural - Jandira, SP : Ciranda
         Cultural, 2021.
            96 p. ; 13,2cm x 20cm.

            ISBN: 978-65-5500-739-8

            1. Origami. 2. Origami para crianças. I. Título.
                                                          CDD 736.982
         2021-1020                                        CDU 745.54
```

Elaborado por Vagner Rodolfo da Silva - CRB-8/9410

Índice para catálogo sistemático:
1. Origami 736.982
2. Origami 745.54

© 2025 Ciranda Cultural Editora e Distribuidora Ltda.
Produção: Ciranda Cultural
Projeto gráfico: Jarbas C. Cerino
Ilustrações: Shutterstock.com/g/pokky334

1ª Edição em 2021
7ª Impressão em 2025
www.cirandacultural.com.br
Todos os direitos reservados. Nenhuma parte desta publicação pode ser reproduzida, arquivada em sistema de busca ou transmitida por qualquer meio, seja ele eletrônico, fotocópia, gravação ou outros, sem prévia autorização do detentor dos direitos, e não pode circular encadernada ou encapada de maneira distinta daquela em que foi publicada, ou sem que as mesmas condições sejam impostas aos compradores subsequentes.

O QUE É?

O origami é uma arte que teria surgido no Japão, há muitos séculos. Inicialmente, a técnica era restrita a cerimônias religiosas e festivas, mas se tornou muito popular ao longo dos anos.

INTRODUÇÃO

Nas próximas páginas, você aprenderá a fazer diversas imagens de origami, encontrará atividades divertidas e descobrirá algumas curiosidades sobre essa arte milenar. Vamos começar?

Legenda para fazer os origamis

Linhas tracejadas: indicam as marcas das dobras.
Setas pretas: indicam a direção em que o papel deve ser dobrado ou girado.

TARTARUGA

Siga o passo a passo!

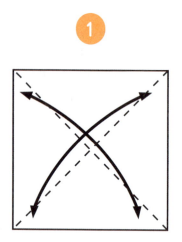

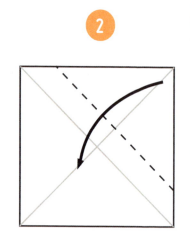

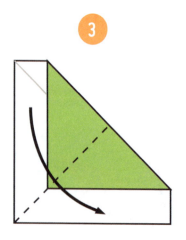

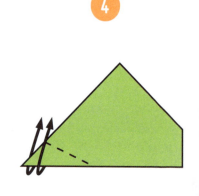

Se você não reconhecer alguma figura das instruções, peça ajuda a um adulto.

PRONTO!

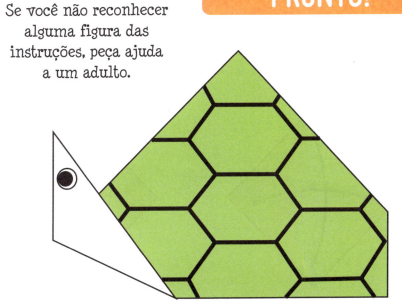

CUBRA OS TRACEJADOS.

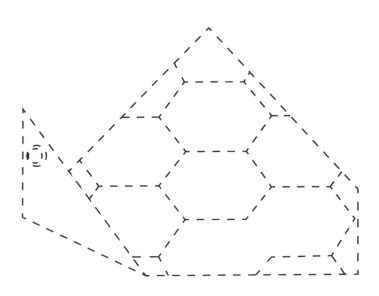

LEÃO

É hora de praticar!

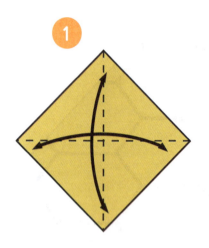

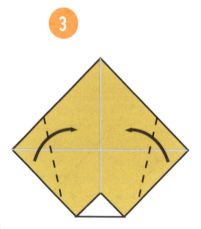

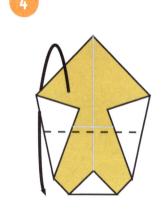

PRONTO!

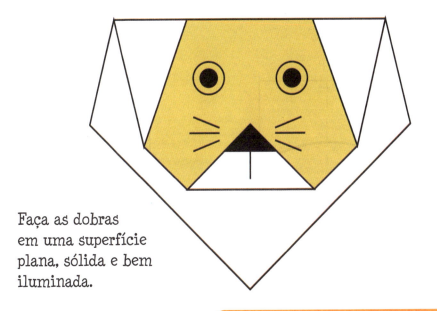

Faça as dobras em uma superfície plana, sólida e bem iluminada.

VAMOS PINTAR?

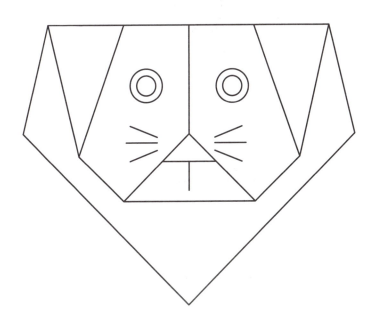

MACACO

Continue praticando!

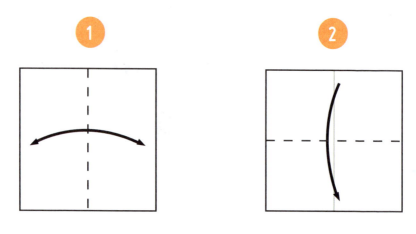

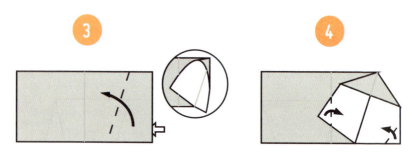

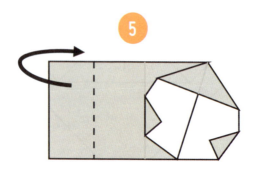

PRONTO!

Utilize papel fino se você for iniciante nessa arte ou se for fazer um modelo com muitas dobras.

ASSINALE A FIGURA DIFERENTE.

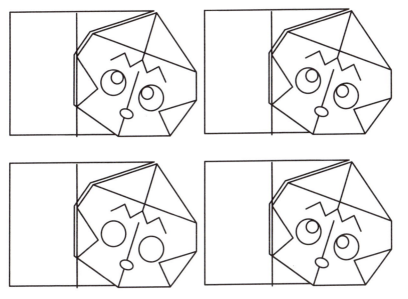

PORCO

Siga o passo a passo para fazer o porquinho.

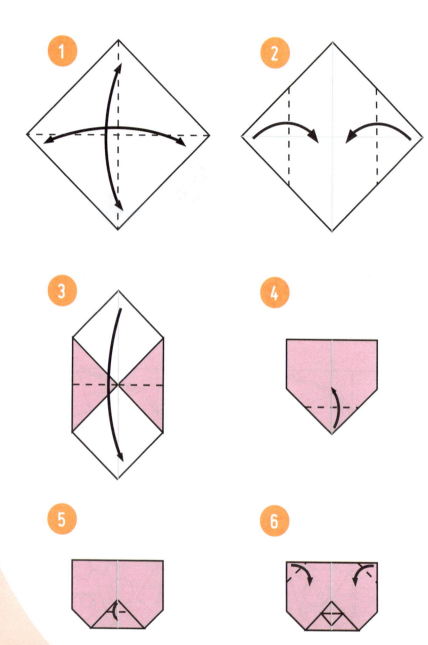

PRONTO!

Não ficou assim? Tudo bem! Continue tentando, que você consegue!

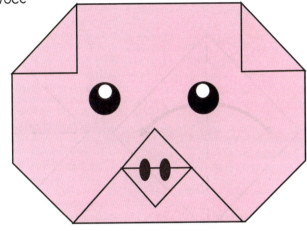

TERMINE O DESENHO.

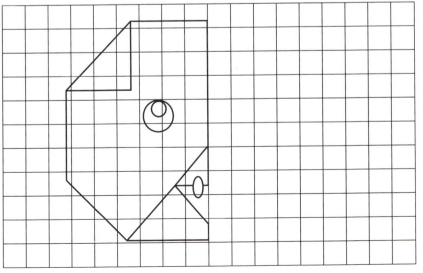

RATO

Vamos aprender a fazer um origami de ratinho?

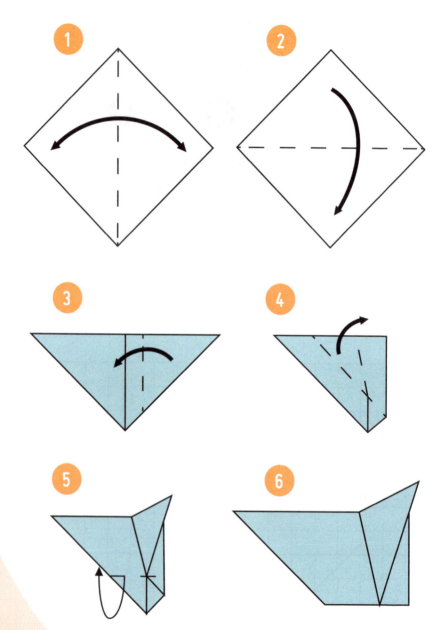

Com a prática, você terá mais facilidade a cada origami que fizer.

PRONTO!

CIRCULE O QUE FALTA NA IMAGEM.

GATO

Vamos aprender a fazer uma dobradura de gato!

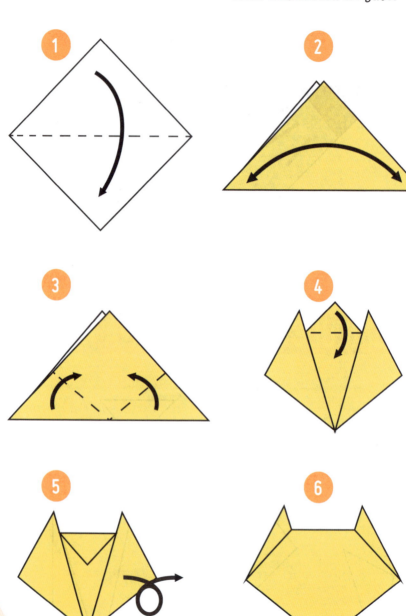

Você pode usar papéis de diversas cores.

PRONTO!

PINTE O GATO MENOR.

15

URSO-POLAR

Siga o passo a passo!

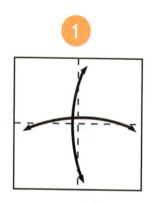

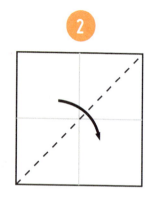

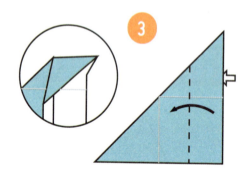

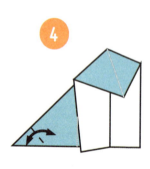

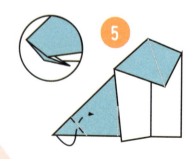

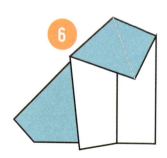

PRONTO!

Mantenha as mãos limpas para não sujar o seu origami.

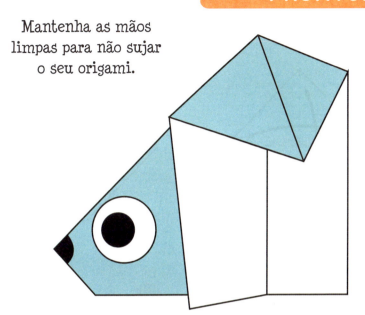

QUANTAS FIGURAS HÁ ABAIXO?

17

CORUJA

Vamos aprender a fazer um origami de coruja? Siga o passo a passo.

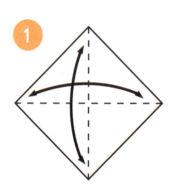

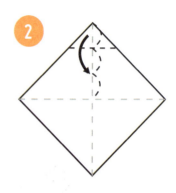

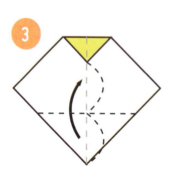

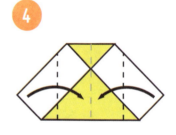

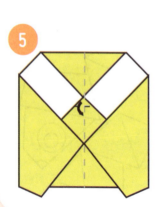

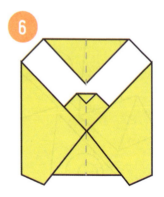

PRONTO!

Para fazer os detalhes, você pode usar canetinhas de diversas cores.

DESENHE O QUE ESTÁ FALTANDO.

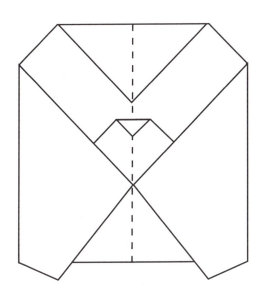

BARCO

Faça o seu barco de papel e coloque-o para navegar.

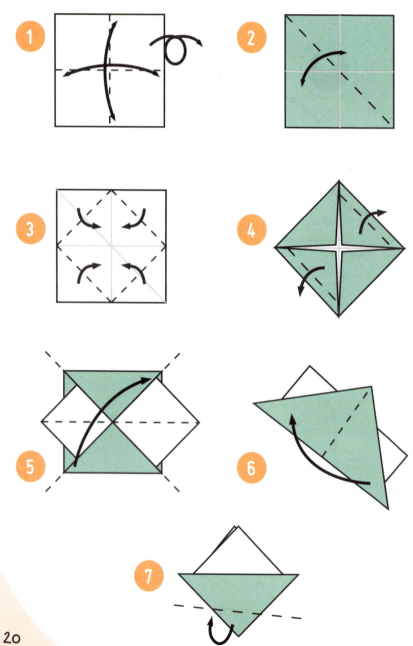

PRONTO!

Presenteie quem você gosta com artes de origami!

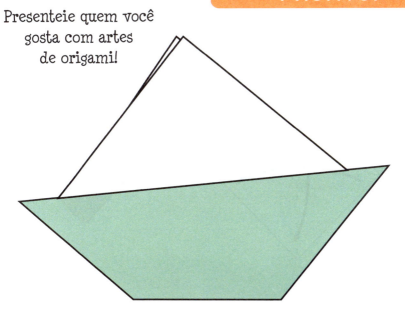

DESENHE UM BARCO.

CACHORRO

Siga o passo a passo!

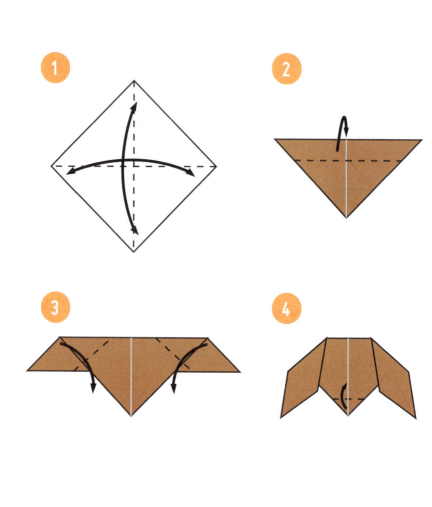

PRONTO!

Não ficou assim?
Tudo bem! Continue praticando!

LIGUE OS PARES.

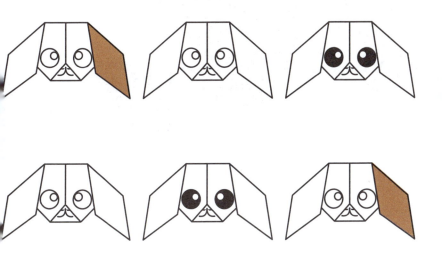

CURIOSIDADE

A palavra japonesa *origami* é formada pelo verbo "dobrar" (*ori*) e pelo substantivo "papel" (*kami*). Significa, literalmente, "dobrar papel".

CHAPÉU

Vamos praticar mais a arte do origami?

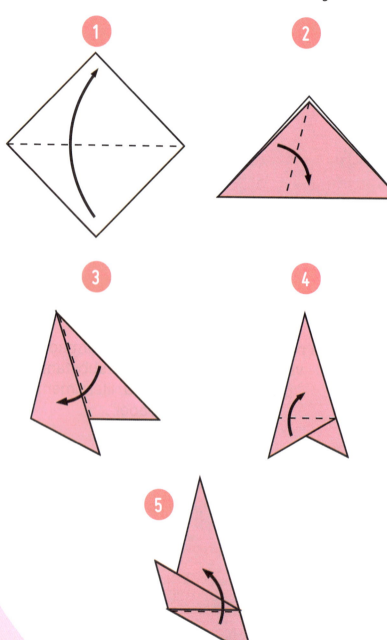

PRONTO!

Agora, é só começar a brincadeira!

CUBRA OS TRACEJADOS.

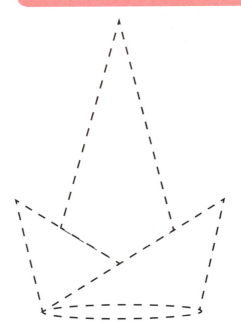

CARRINHO

Siga o passo a passo para fazer um carrinho.

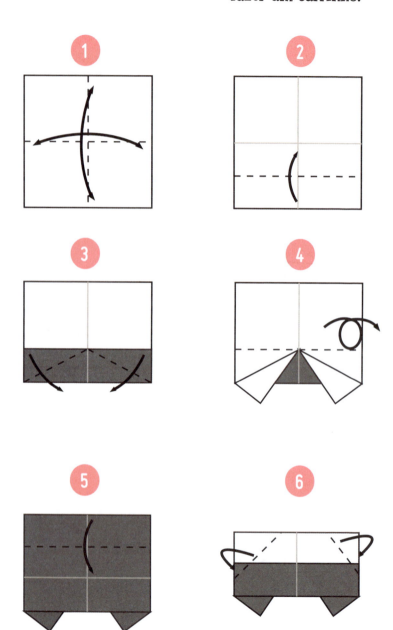

PRONTO!

Passe a unha em cima das dobras que você fizer. Isso ajuda na hora de fazer o origami.

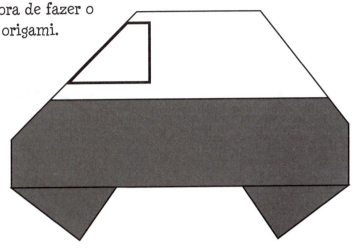

VAMOS PINTAR?

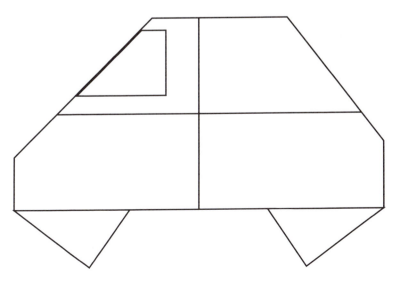

29

COELHO

Siga o passo a passo e aprenda fazer um coelho de origami.

1
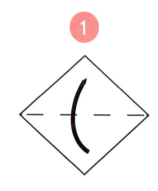

2
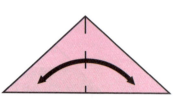

3
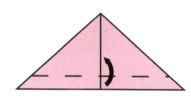

4
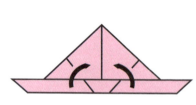

5

6

PRONTO!

Agora que você já aprendeu a fazer alguns animais de origami, junte todos eles e brinque a valer!

CIRCULE O ÚNICO DIFERENTE.

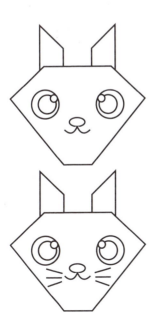
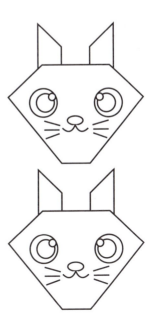

CORAÇÃO

Vamos fazer um coração?

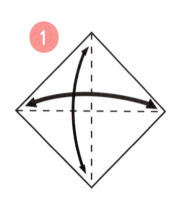

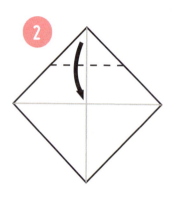

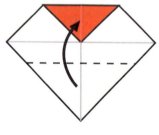

PRONTO!

Presenteie uma pessoa muito especial para você com este coração de origami.

TERMINE O DESENHO.

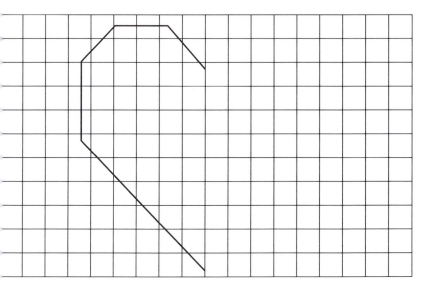

JOANINHA

Vamos fazer uma joaninha de bolinhas?

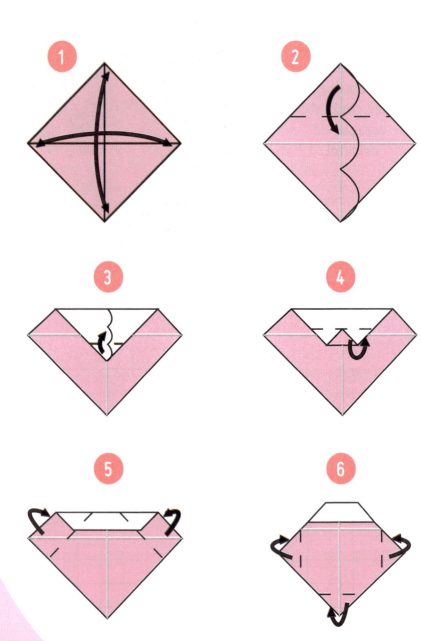

E aí, você está gostando de praticar esta arte?

PRONTO!

CIRCULE A PARTE QUE FALTA.

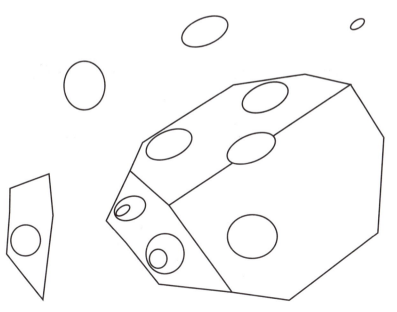

HIPOPÓTAMO

Vamos aprender a fazer este grande mamífero de origami!

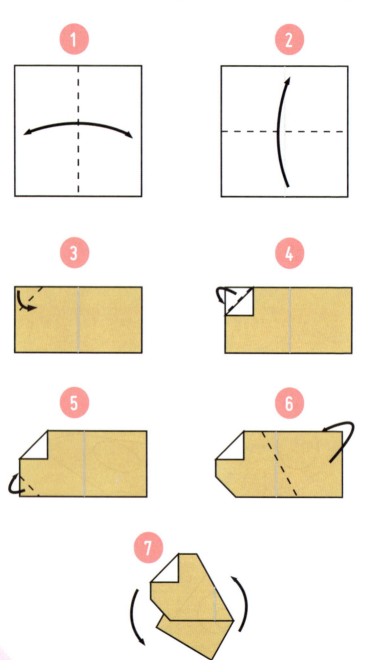

PRONTO!

O importante é se divertir ao praticar esta arte!

PINTE O DESENHO MAIOR.

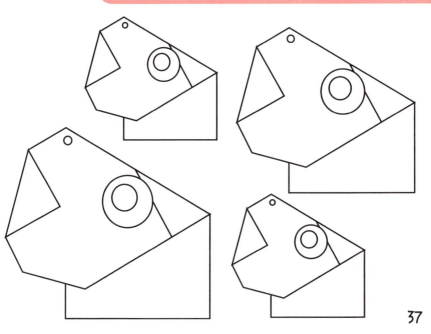

PINGUIM

Mãos à obra para fazer este simpático pinguim!

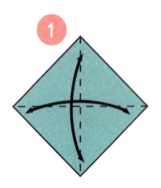

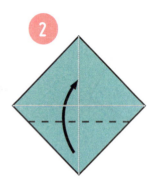

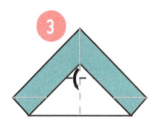

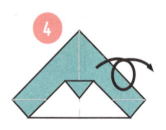

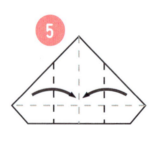

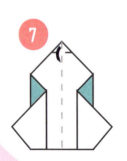

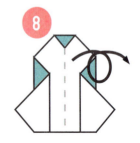

PRONTO!

E aí, o que achou de fazer esta dobradura?

CONTE OS DESENHOS ABAIXO.

PINTINHO

Piu-piu! Agora vamos fazer um pintinho!

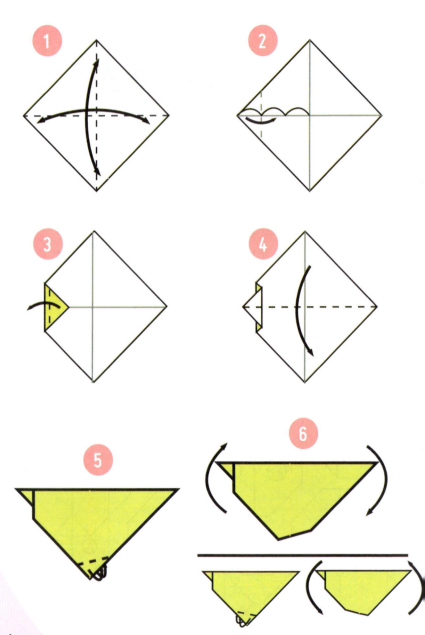

PRONTO!

Você não precisa seguir a ordem do
livro para fazer as suas artes de origami.
Faça primeiro aquelas que você tem
mais vontade de aprender.

DESENHE O QUE ESTÁ FALTANDO.

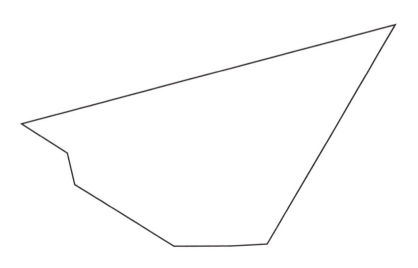

VACA

Vamos aprender a fazer este animal da fazenda?

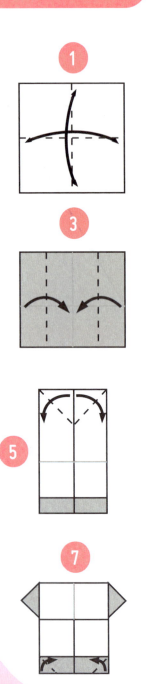
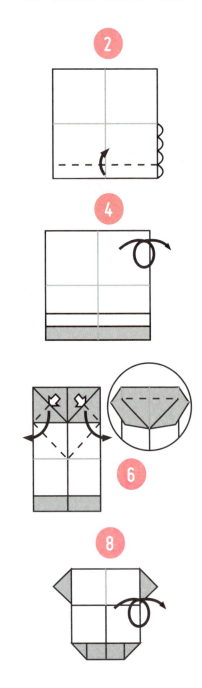

PRONTO!

Duas dicas para você: pratique e não desista!

DESENHE UMA VACA.

TULIPA

Siga o passo a passo para fazer esta flor.

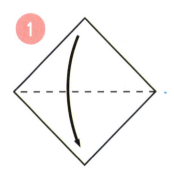
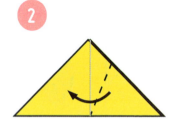
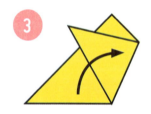

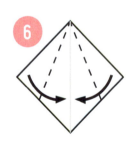

PRONTO!

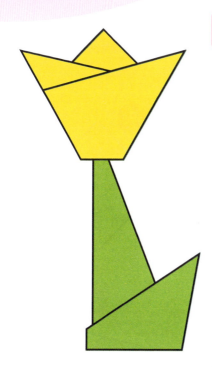

Você pode montar um jardim de tulipas usando papéis de cores variadas.

LIGUE OS PARES.

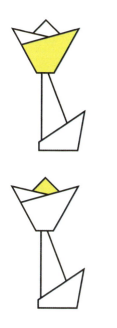

45

TIRANOSSAURO

Vamos fazer um origami pré-histórico?

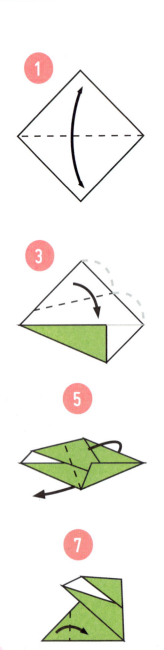
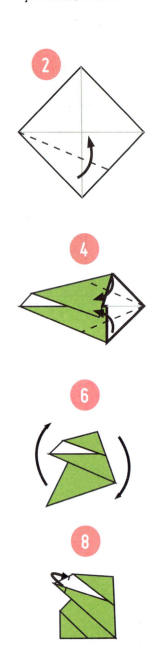

PRONTO!

Roar! Brinque com o seu dino.

ENCONTRE 3 ERROS.

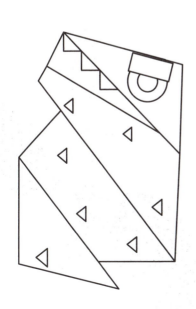
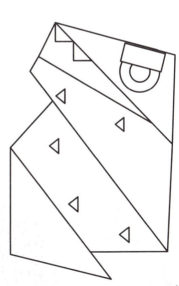

CURIOSIDADE

A ave *tsuru* é um dos símbolos mais tradicionais do Japão. Ela representa, entre outras coisas, longevidade e sorte. É muito comum os japoneses presentearem as pessoas queridas com *tsurus* de origami.

BALEIA

Mãos à obra!

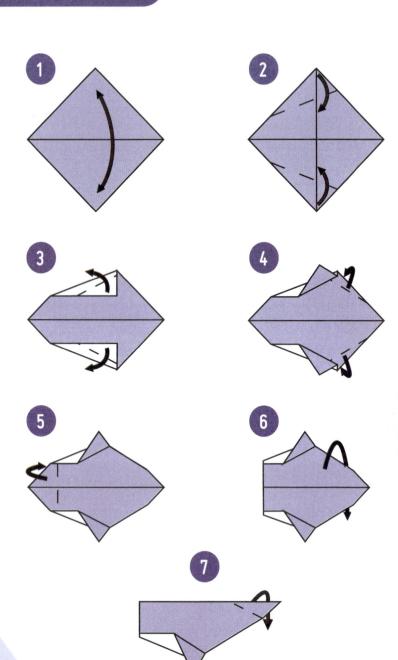

Não ficou assim? Tudo bem! Continue praticando.

PRONTO!

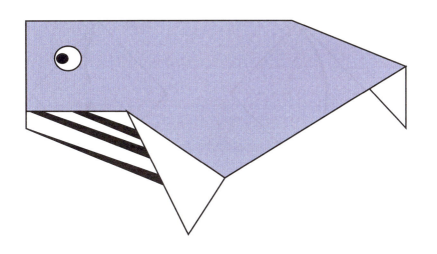

CUBRA OS TRACEJADOS.

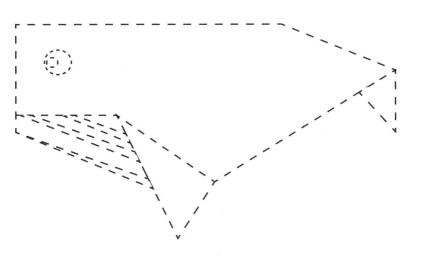

CISNE

Siga o passo a passo para fazer esta ave aquática.

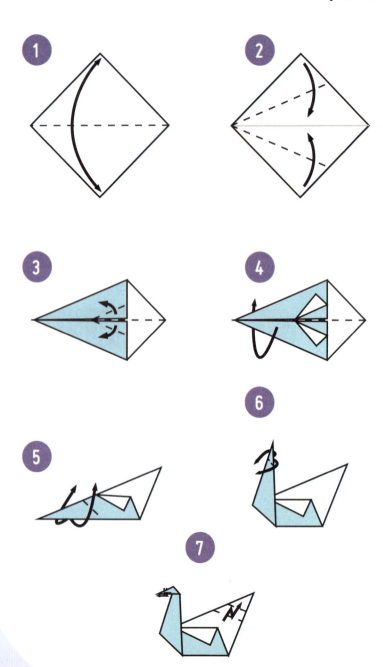

PRONTO!

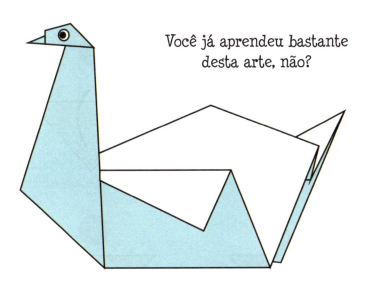

Você já aprendeu bastante desta arte, não?

VAMOS PINTAR?

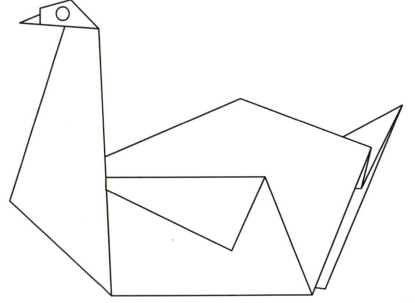

BANANA

Siga o passo a passo e aprenda a fazer o origami dessa fruta tão conhecida.

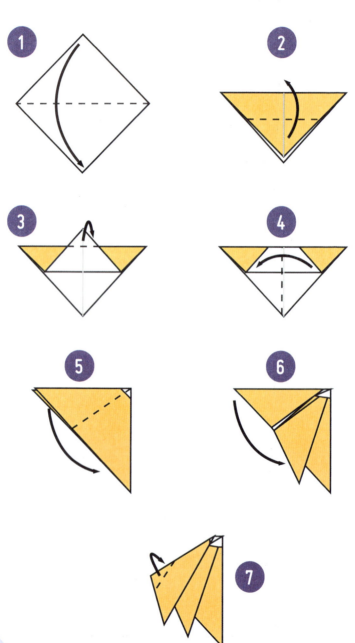

Você está gostando de praticar a arte do origami?

PRONTO!

ASSINALE O ÚNICO DIFERENTE.

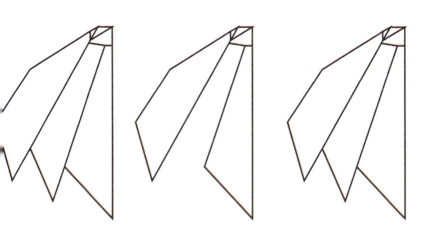

ABELHA

Bzzzz! Uma abelha está vindo por aí!

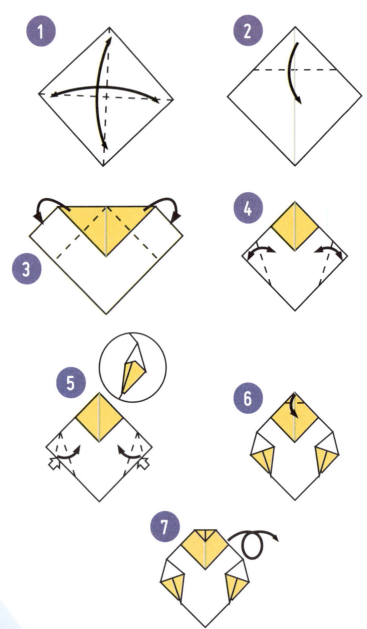

PRONTO!

Faça seu origami com calma e atenção.

TERMINE O DESENHO.

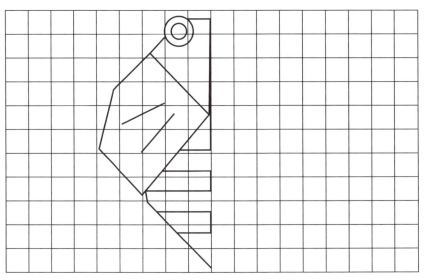

RAPOSA

Mostre mais um pouco do seu lado artista e faça uma raposa de origami.

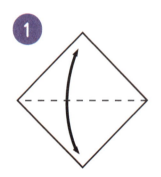
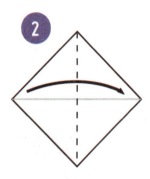
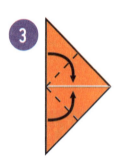

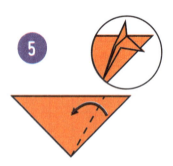
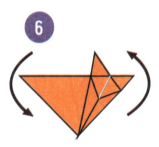

PRONTO!

Como ela ficou?
Você gostou?

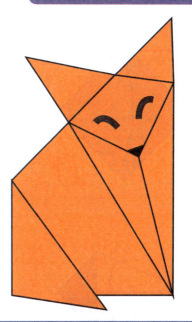

CIRCULE A PARTE QUE FALTA.

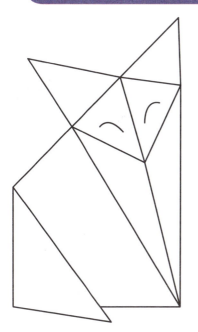

AVESTRUZ

Siga o passo a passo com calma

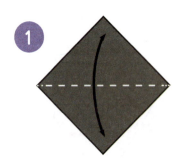
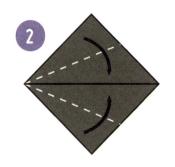
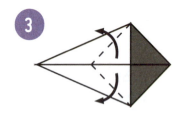
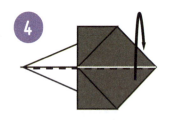
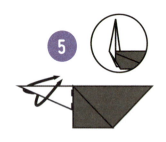
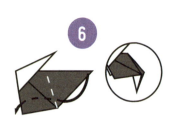

PRONTO!

Você pode convidar alguém para se divertir com você e aprender a fazer muitas figuras de origami.

PINTE O AVESTRUZ MENOR.

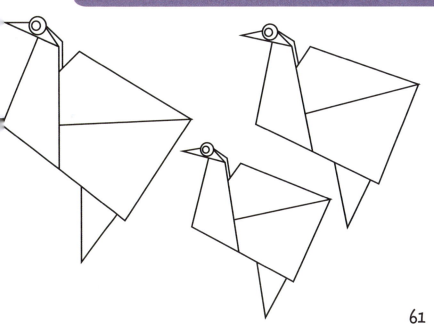

BRAQUIOSSAURO

Roar! Mais um dino por aqui!

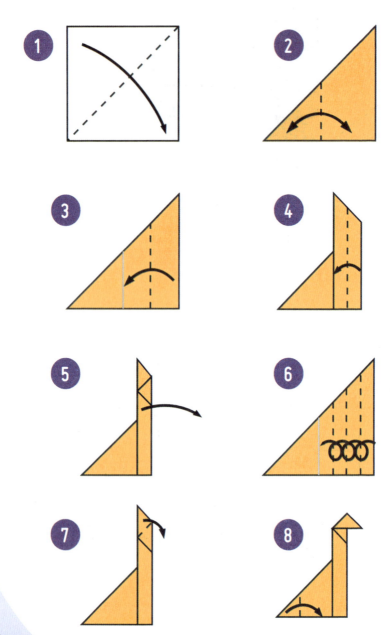

62

PRONTO!

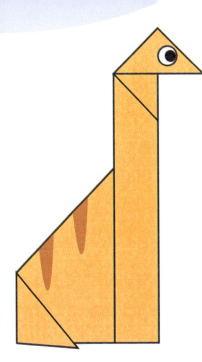

Você pode juntar o Braquiossauro com o Tiranossauro para uma brincadeira pré-histórica.

CONTE OS DESENHOS ABAIXO.

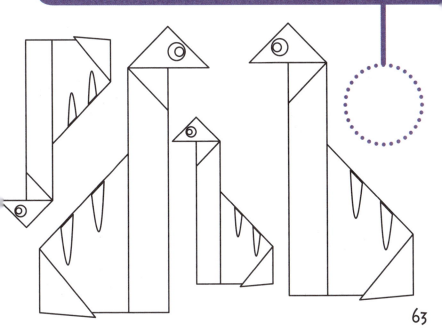

CARACOL

Siga o passo a passo!

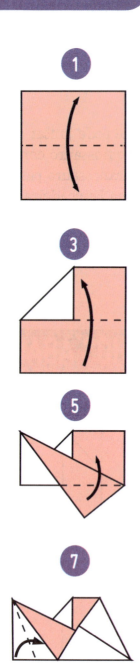
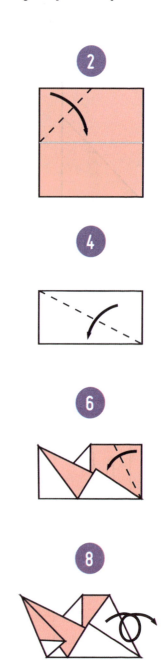

PRONTO!

Qual origami você mais gostou de fazer até agora?

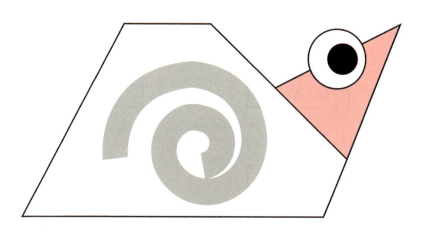

DESENHE O QUE ESTÁ FALTANDO.

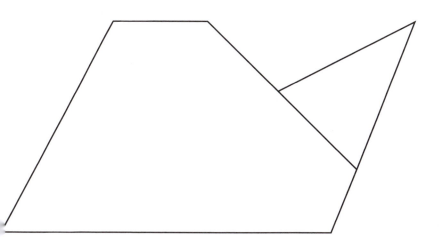

ESTRELA

Brilha, estrela!

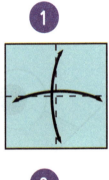

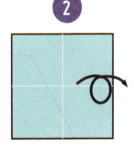

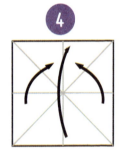

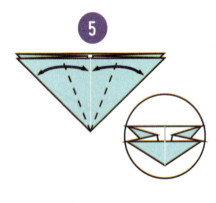

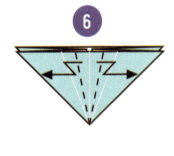

PRONTO!

Você pode decorar um espaço da casa com o origami de estrela.

DESENHE UMA ESTRELA.

GIRAFA

Siga o passo a passo para fazer este mamífero de pescoço longo

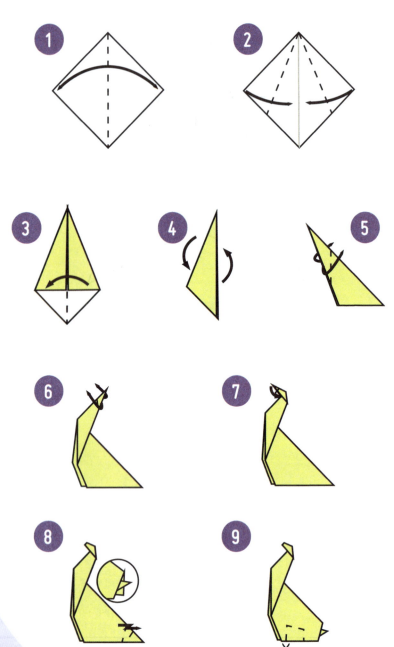

PRONTO!

Se você não gostar do resultado, tente mais uma vez!

LIGUE OS PARES.

GORILA

Vamos fazer um gorila de origami?

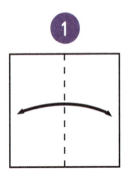

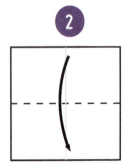

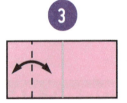

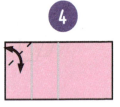

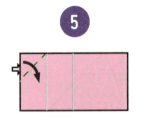

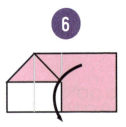

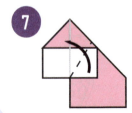

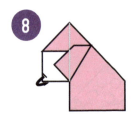

PRONTO!

Faça os detalhes do seu jeito.

ENCONTRE 4 ERROS.

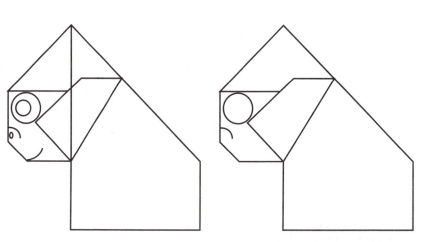

CURIOSIDADE

O origami tradicional é feito com um papel em forma de quadrado e não faz uso de corte, cola ou desenho. No Japão, a arte do origami é vista como um momento especial entre a pessoa e o papel, que resulta em belas obras.

SORVETE

É hora de aprender a fazer esta sobremesa de origami!

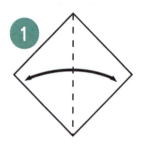

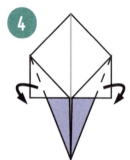

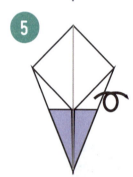

PRONTO!

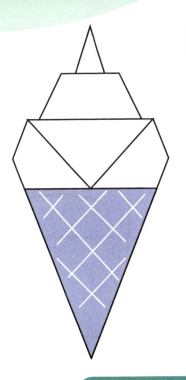

Agora você tem mais um origami na sua coleção!

CUBRA OS TRACEJADOS.

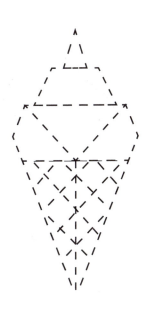
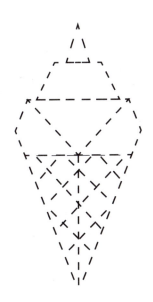

ESTEGOSSAURO

Veja! Mais um dino para a sua coleção. Siga o passo a passo para fazê-lo.

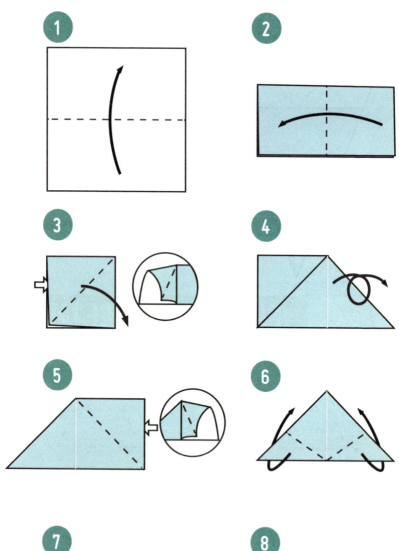

PRONTO!

O importante
é se divertir!

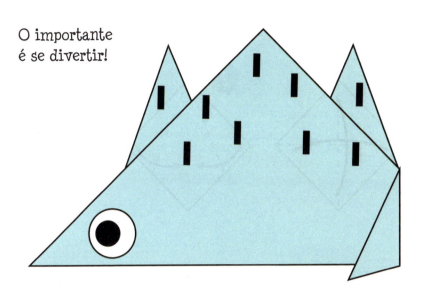

VAMOS PINTAR?

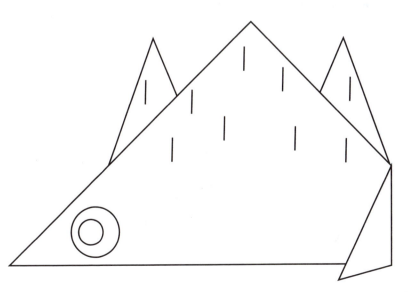

MAMUTE

Vamos aprender a fazer?
Siga o passo a passo.

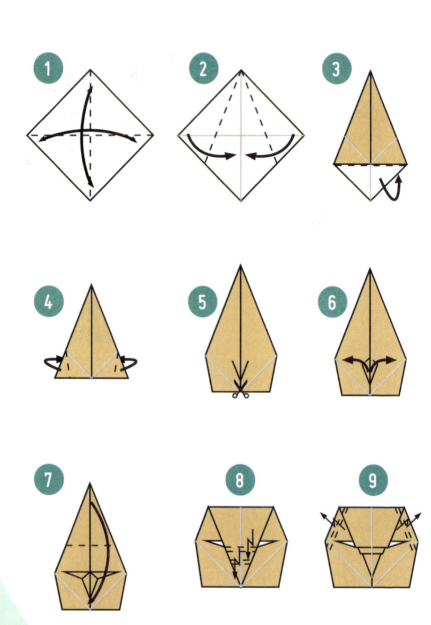

PRONTO!

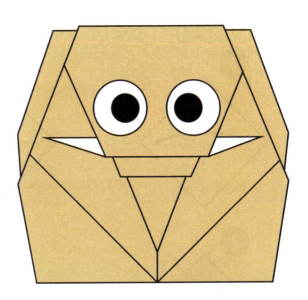

Dobras por todos os lados! Você vai se tornar um artista!

ASSINALE O ÚNICO DIFERENTE.

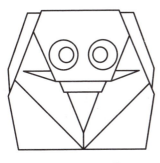 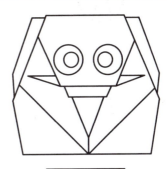

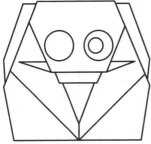 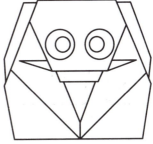

MORCEGO

Vamos lá? Siga as instruções e aprenda a fazer este mamífero voador.

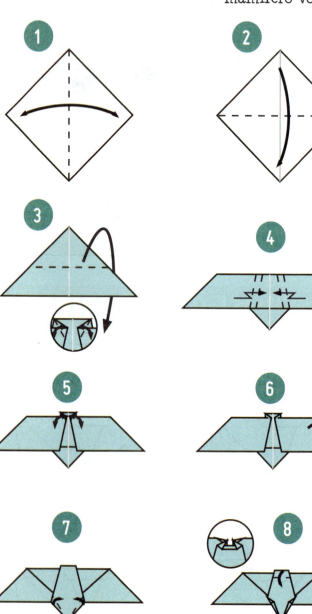

PRONTO!

Aqui está o seu morcego de origami!

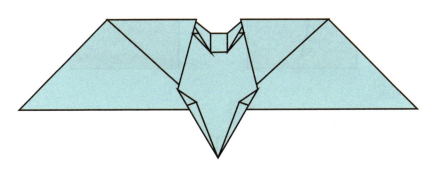

TERMINE O DESENHO.

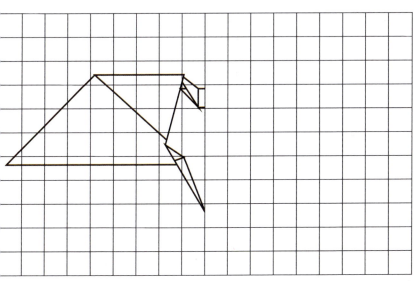

81

PELICANO

Você conhece esta ave? Siga o passo a passo para aprender a fazer.

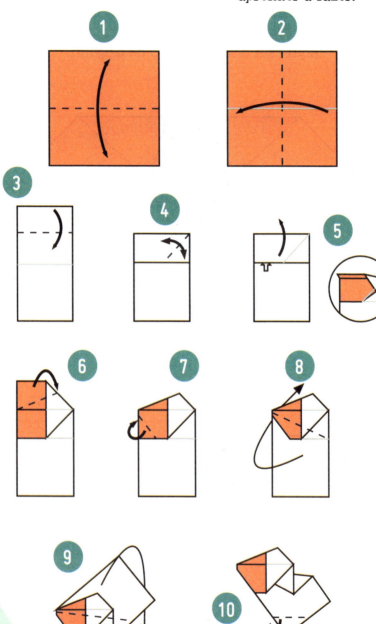

PRONTO!

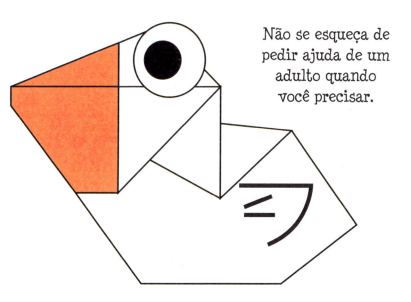

Não se esqueça de pedir ajuda de um adulto quando você precisar.

ASSINALE A PARTE QUE FALTA.

PARDAL

Siga o passo a passo!

PRONTO!

O origami é uma arte que diverte e ensina. Procure saber mais sobre ele.

PINTE O PARDAL MAIOR.

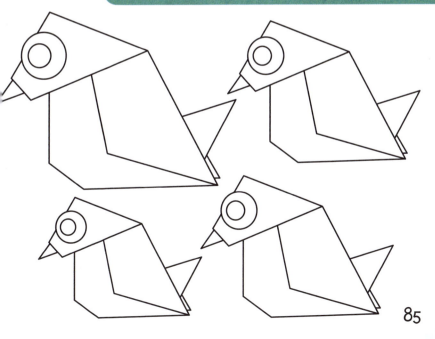

ESQUILO

Siga o passo a passo para aprender a fazer este roedor.

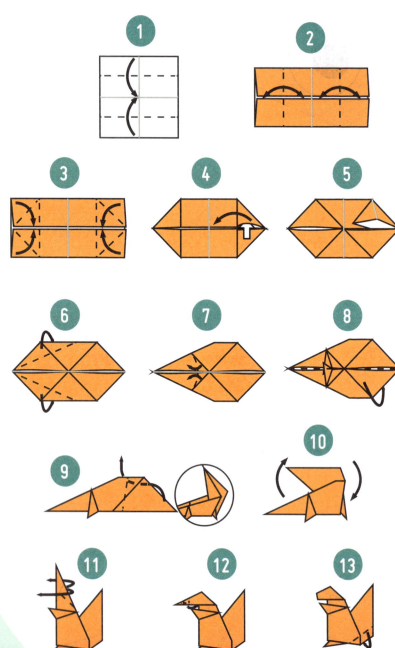

PRONTO!

O que você achou de fazer este origami?

CONTE OS DESENHOS ABAIXO.

CARANGUEJO

A diversão continua, e agora é hora de fazer um caranguejo!

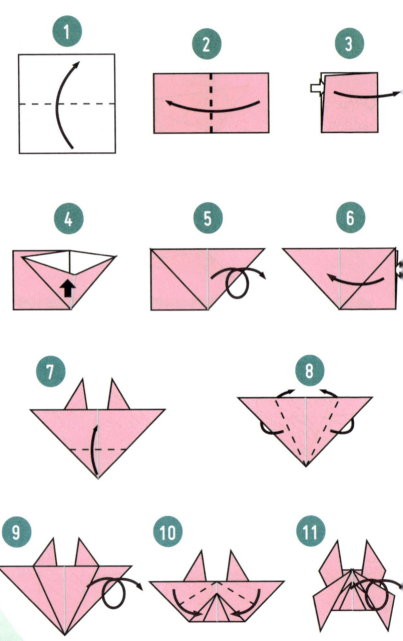

PRONTO!

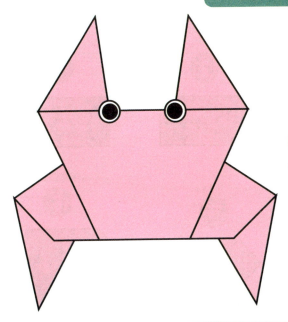

Como você tem se saído ao aprender a arte do origami?

DESENHE O QUE ESTÁ FALTANDO.

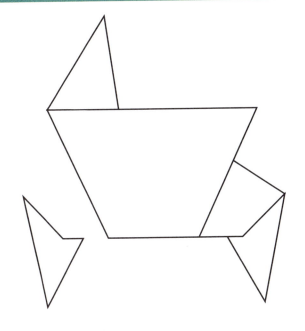

CROCODILO

Agora vamos aprender a fazer este réptil. Mãos à obra!

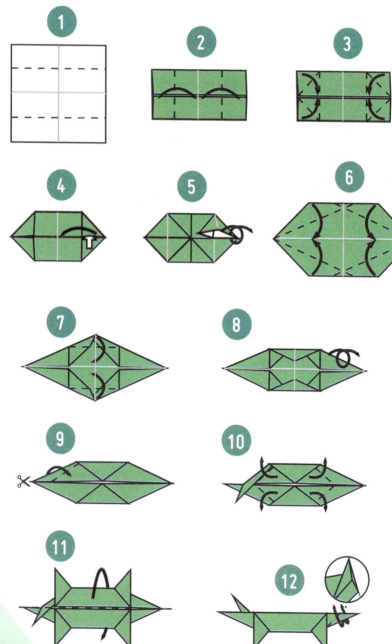

PRONTO!

Não ficou assim?
Tudo bem! Continue praticando.

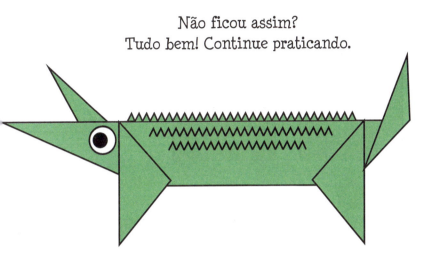

DESENHE UM CROCODILO.

TOUPEIRA

Com calma, siga o passo a passo para fazer esta toupeira de origami.

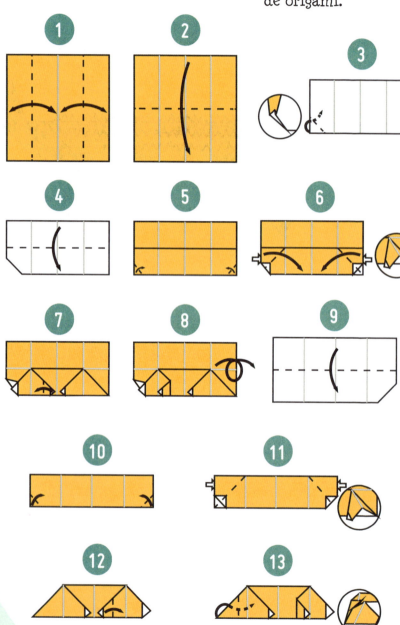

PRONTO!

Caso se perca na ordem das instruções, não se desespere! Compare o que fez com as figuras do passo a passo e, se necessário, recomece.

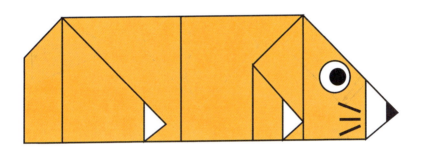

LIGUE OS PARES.

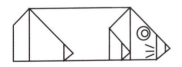 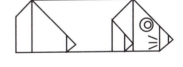

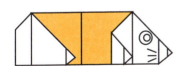 

 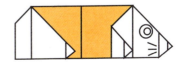

PATO

Quá-quá! Agora você vai aprender a fazer um pato de origami.

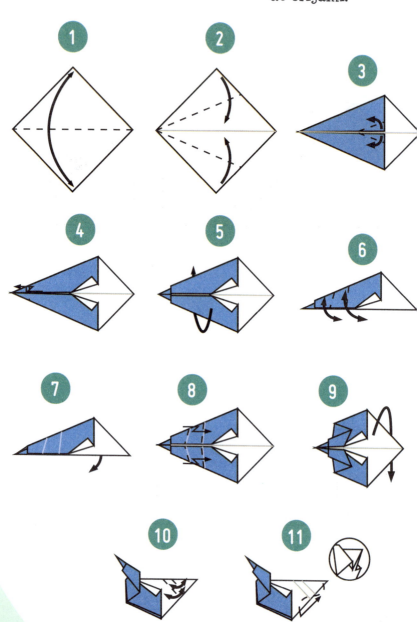

PRONTO!

Qual origami você achou mais difícil de fazer? E de qual você mais gostou?

ENCONTRE 3 ERROS.

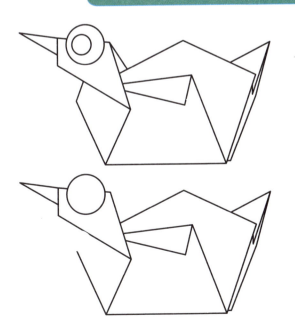

Desenhe e pinte o origami que você mais gostou de fazer.